Impressum

Titel: **Die Schnecken-Werkstatt**

Autorinnen: Stefanie Wieringer,
Kathrin Zindler

Druck: Uwe Nolte, Iserlohn

Verlag: **Verlag an der Ruhr**
Postfach 10 22 51
45422 Mülheim an der Ruhr
Alexanderstraße 54
45472 Mülheim an der Ruhr
Tel.: 02 08 / 439 54 700
Fax: 02 08 / 439 54 239
E-Mail: info@verlagruhr.de
www.verlagruhr.de

ISBN 10: 3-86072-633-1 (bis 12/2006)
ISBN 13: 978-3-86072-633-4 (ab 2007)

geeignet für die Klasse 1 **2** **3** 4 5

Die Schreibweise der Texte folgt der neuesten Fassung der Rechtschreibregeln – gültig ab August 2006.

Ein weiterer Beitrag zum Umweltschutz:

*Das Papier, auf das dieser Titel gedruckt ist, hat ca. **50% Altpapieranteil,** der Rest sind **chlorfrei** gebleichte Primärfasern.*

Inhaltsverzeichnis

Schneckenversuche

Schneckenwissen

Schneckensprache

Schneckenmathematik

Schneckenkunst

Warum eigentlich Schnecken?
Schnecken sind Kleintiere, die selbst Stadtkindern vertraut sind. Man kann sagen, jedes Kind kennt Schnecken und hat Erfahrungen irgendeiner Art mit ihnen gemacht. Ausgangspunkt ist also die unmittelbar erlebte Umwelt oder der direkte Erfahrungsbereich der Kinder. Schnecken lösen bei vielen Erwachsenen Ekelgefühle aus. Bei (Hobby-)Gärtnern sind die Tiere selten erwünscht, da sie durch Schneckenfraß eine Bedrohung für das Wachstum der Pflanzen und somit eine Reduzierung der Ernte darstellen. Bei Kindern ist eine weitaus geringere Abneigung gegen Schnecken zu beobachten, obwohl auch bei ihnen ein bisschen Ekel vor dem schleimigen Fuß der Schnecken auftreten kann. Bei genauer Beobachtung und Auseinandersetzung mit den Weichtieren überwiegen jedoch Wissensdurst und Neugier.
Die Schüler* werden erstaunlichen Phänomenen auf die Spur kommen, die sie durch einfache Versuche selbstständig erforschen und protokollieren können. So werden sie problemlos an biologisch-naturwissenschaftliches Arbeiten herangeführt.

Schnecken gesucht!
Am besten lernen die Schüler die Schnecken kennen, wenn sie sich längere Zeit intensiv mit ihnen beschäftigen können.
Es bietet sich deshalb an, Schnecken über einige Wochen im Klassenraum zu halten und zu pflegen. In einer schattigen Ecke des Klassenzimmers muss zunächst ein Terrarium eingerichtet werden (siehe S. 11: Das Schneckenterrarium). Ein fest eingeteilter Schneckenpflegedienst (vergleichbar mit dem Tafel- oder Kakaodienst) hat sich unserer Meinung nach bewährt. Nun kann man sich auf Schneckensuche begeben. Zu beachten ist, dass die Kinder aktiv in das Suchen der Schnecken einbezogen werden, damit sie einen Einblick in den natürlichen Lebensraum der Schnecke und der von ihr bevorzugten Umgebung gewinnen können. Entweder werden Schnecken auf einem gemeinsamen Unterrichtsgang oder von den Schülern einzeln (Hausaufgabe) gesammelt.

* Aus Gründen der besseren Lesbarkeit haben wir in diesem Buch durchgehend die männliche Form verwendet. Natürlich sind damit auch immer Frauen und Mädchen gemeint, also die Schülerinnen und Lehrerinnen etc.

Wichtig ist hierbei der Hinweis, dass ein Sammelgefäß (leeres Glas mit Luftlöchern im Deckel) zum Transport und zur kurzzeitigen Aufbewahrung mitgeführt werden sollte. Schnecken sind zwar nachtaktiv, d.h. aber nicht, dass man sie nicht auch am Tag findet. Dann trifft man sie allerdings nicht aktiv an, sondern mit eingezogenem Körper an Pflanzenstängeln, unter Blättern oder an Baumstämmen ruhend. Für Beobachtungen eignen sich am besten größere Gehäuseschnecken, wie Gartenbänderschnecken, Hainbänderschnecken und Weinbergschnecken, wobei Letztere in der Zeit vom 1. März bis zum 31. Juli geschützt sind.

Was man wissen sollte
Schnecken gehören zu den Weichtieren, zur Klasse der Gastropoden (Bauchfüßer). In über 600 Millionen Jahren haben sich viele tausend Arten entwickelt. Die meisten Schnecken leben im Gewässer, es gibt aber auch Landschnecken, die jedoch auf Feuchtigkeit angewiesen sind. Ein Schneckenkörper gliedert sich in drei große Teile: einen Kopf, einen langgestreckten Fußteil und einen Mantel, der einen mehr oder weniger spiralig aufgewundenen, im Gehäuse verborgenen Eingeweidesack beinhaltet. Schnecken besitzen keinen Hals, da der Kopf nicht explizit vom Körper abgesetzt ist. Am Kopf befinden sich zwei Tentakelpaare, die wir auch umgangssprachlich Fühler nennen.
Mit den beiden oberen Augententakeln, die in kleinen Auswölbungen enden, kann die Schnecke recht schlecht sehen.
Mit den beiden kleineren, unteren Sinnestentakeln orientieren sich die Schnecken. Wiederum unterhalb befindet sich der Mund, in dem eine raue Raspelzunge (Radula) sitzt. Schnecken verfügen über einige kleine Körperöffnungen. Das am Kopf sitzende Loch ist die Geschlechtsöffnung, die sowohl der Begattung als auch der Eiablage dient. Obwohl Schnecken Zwitter sind, müssen sie sich paaren. Eine der weiteren Körperöffnungen liegt dicht beim Mantelrand und wird zum Atmen benutzt. Für die Ausscheidung der Exkremente verfügt die Schnecke über ein weiteres Loch, das mit den Eingeweiden verbunden ist.

Einleitung

Aufbau der Schnecken-Werkstatt

Das vorliegende Unterrichtsmaterial ist fächerübergreifend angelegt und für das zweite bis dritte Schuljahr gedacht.
Wir haben versucht, ein möglichst großes Handlungsangebot unter besonderer Berücksichtigung des Lernens mit allen Sinnen zusammenzustellen. Die Kinder suchen sich selbstständig aus einem Überangebot an Lernaufträgen Aufgaben heraus, die sie interessieren und die sie bearbeiten möchten.

Die Werkstatt ist in fünf Themenbereiche eingeteilt, die jeweils mit einem Symbol gekennzeichnet sind:

Schneckenversuche

Schneckenwissen

Schneckensprache

Schneckenmathematik

Schneckenkunst

Arbeits-Pass

Stellen Sie zu Beginn der Werkstattarbeit Ihre persönliche Werkstatt aus dem Angebot der Aufgaben zusammen. Hierfür ist der Arbeits-Pass als Blankovorlage gestaltet worden, damit Sie diesen individuell anpassen und vervollständigen können. Tragen Sie also in die Blankovorlage den Titel der ausgewählten Aufgaben ein.
Jedes Kind erhält einen eigenen Arbeits-Pass. Um die Lernaufgaben individuell auf jedes Kind abzustimmen, haben Sie die Möglichkeit, Pflichtaufgaben zuzuteilen. Wir kennzeichnen die Nummern dieser Aufgaben mit einem roten Kreis. Durch den Vermerk des Datums hinter der Aufgabe können die Kinder überblicken, welche Aufgaben sie bereits bearbeitet haben. Für Sie bietet diese Notiz unserer Meinung nach den Vorteil, Rückschlüsse auf das Arbeitsverhalten der Kinder an bestimmten Tagen ziehen zu können. Mit der Expertenunterschrift in der letzten Spalte des Arbeits-Passes ist eine Lernaufgabe endgültig abgeschlossen. Mit seiner Unterschrift gibt der Experte zu verstehen, dass eine Aufgabe vollständig und richtig bearbeitet wurde.

Expertenprinzip

Das für uns entscheidende Kriterium für Werkstattunterricht ist das Expertenprinzip, durch das das sozial aktive Handeln gefördert wird. Jeder Schüler sollte Experte von mindestens einer Lernaufgabe werden.
Sie haben bei der Zuteilung der Expertenaufgaben zwei Möglichkeiten. Entweder Sie teilen im Sinne der größtmöglichen Differenzierung die Lernaufgaben ein oder zwei Kindern zu, oder Sie lassen die Kinder frei wählen und kommen dem Ziel noch größerer Mitbestimmung ein Stück näher.
Der Experte erklärt seinen Mitschülern bei Bedarf seine Aufgabe, muss die Ausführung kontrollieren und mit seiner Unterschrift gewährleisten, dass alles korrekt erledigt wurde.

Materialkörbe

Als ideal empfanden wir die Bereitstellung des gesamten Materials in Ablagekörben (preiswerte Lösungen sind die Kartons von Kopierpapier oder Konservendosen in Supermärkten). Das benötigte Arbeitsmaterial (Schnecken, Sachbücher, ...), Auftragskarten und Arbeitsblätter sind dort zu finden. Die Ablagekörbe können von den Kindern mit an ihren Platz genommen werden. Einerseits müssen die Kinder so ihr Material nicht erst zusammensuchen und andererseits kann es auch besser wieder aufgeräumt werden.
Tipp: Wir stellen die Ablagekörbe, nach Themen sortiert, in verschiedenen Bereichen der Klasse auf, damit die Kinder sich besser orientieren können.

Durchführung von Werkstattstunden:
Bei der Durchführung von Werkstattunterricht ist es unserer Erfahrung nach sinnvoll, zwei Schulstunden pro Tag anzusetzen.
Es hat sich als vorteilhaft erwiesen, jede Unterrichtseinheit in drei Abschnitte zu gliedern. Zu Beginn einer Einheit planen wir immer eine gemeinsame Aktivität im Sitzkreis zur Einstimmung (vgl. Ideen für den gemeinsamen Unterricht).
Danach bekommen die Schüler die Möglichkeit, sich mit den verschiedenen Lernangeboten auseinander zu setzen. Aufgetretene Probleme, Hinweise für die Weiterarbeit und bearbeitete Lernaufgaben können im abschließenden Gespräch angesprochen werden.

Einstieg in das Thema Schnecke
Fragen der Kinder zu Schnecken könnten ein erster Schritt zur weiteren Erschließung sein. Man könnte ein Cluster zum Thema Schnecke gemeinsam mit den Kindern erstellen. Eine Alternative wäre einen Stuhlkreis, in dem die Kinder ihre in entsprechenden Gefäßen mitgebrachten Schnecken auf den Boden stellen. Jedes Kind dürfte erzählen, was es bereits über Schnecken weiß und was es beim Fang seiner Schnecken erlebt hat. Eine weitere gute Möglichkeit, die Kinder für dieses Thema zu sensibilisieren, wäre eine Meditation. Stellen Sie hierfür einen Korb mit verschiedenen Schneckenhäusern in die Mitte des Sitzkreises. Achten Sie beim Sprechen des Textes darauf, dass Sie Redepausen einlegen.

Beispiel für eine Schneckenmeditation:
„Komme mit mir ins Land der Schnecken. Setze dich bequem auf deinen Stuhl und schließe die Augen. Atme tief ein und aus. Du wirst nun ganz ruhig. Achte auf die Worte der folgenden Erzählung:
Du läufst barfuß durch eine hohe Wiese. Sie ist noch feucht von der Nacht. Spürst du die Feuchtigkeit? Du fühlst den Tau angenehm frisch unter deinen Füßen.
Du kniest dich hin und beobachtest kleine Tiere. Da ist eine Schnecke. Du schaust ihr zu, wie sie sich langsam fortbewegt. Langsam zieht sie ihren Körper zusammen, um ihn dann ein wenig später wieder auszustrecken.
Du nimmst dir etwas Zeit und stellst dir vor, dass du die Schnecke bist. Wie fühlst du dich? Du schaust dir deinen Schneckenkörper an. Jedes einzelne Körperteil nacheinander.
Du siehst dein Schneckenhaus. Welche Farbe hat es? Es beginnt zu regnen. Du liebst den Regen. Genieße ihn einen Augenblick. Du fühlst dich richtig wohl dabei. Komme mit diesem guten Gefühl zu uns zurück in den Stuhlkreis."

Ideen für den gemeinsamen Unterricht:
- Kinder stellen ihre Schnecke vor
- Erstellung eines Infotisches (Bücher, Lexika, Bilder, ...)
- Schneckenhaus als Erzählstein nutzen (z.B. auch bei Weitergebgeschichten)
- Hüpfspiele auf dem Schulhof
- Singen von Schneckenliedern
- Verschiedene Schreibanlässe (z.B. Erlebnisse bei der Schneckensuche, Abenteuer aus der Perspektive einer Schnecke, Reizwortgeschichte, Elfchen, ...)
- Schnecken backen (Hefeteig)
- Schnecken aus Knetgummi oder Ton formen
- Lieblingsschnecke malen (Schnecken anschließend ausschneiden und zu einem gemeinsamen Klassenbild zusammenfügen)

Was man für die Schneckenwerkstatt braucht:
Für das **Schneckenterrarium** benötigen Sie:
Ein altes Aquarium, Fliegengitter, Klettverschlüsse, Glas - oder Kunststoffrohr, Kies, Moos/altes Laub, Kletteräste, Erde, ein Stück Gips, Sprühflasche, Nahrung für die Schnecken.
Stellen sie für die **Schneckenversuche** eine **Materialkiste** mit folgendem Inhalt bereit: Lupen, Glas- oder Plastikscheiben, Taschenlampen, Pappscheiben, Triangel oder Klangstab, wasserfeste Filzstifte, kleine Teller, Mehl, Wattestäbchen, Strohhalme, Klebeband, Stoppuhr, Maßband.

Zu den Schneckenversuchen

Erläuterungen zu den Schneckenversuchen:
Um dem Ziel einer verantwortungsbewussten Haltung gegenüber der Natur und der Achtung vor Lebewesen gerecht zu werden, empfiehlt es sich, dass die Schüler mit lebendigen Schnecken arbeiten. Bevor die Schüler jedoch mit den Versuchen beginnen, muss daher unbedingt der Umgang mit dem lebendigen Tier mit den Kindern besprochen werden (siehe S. 10: Regeln für den Umgang mit Schnecken). Im Klassenunterricht kann der Unterschied zwischen einem Lebewesen und einem Spielzeugtier geklärt werden. Dies führt dazu, dass die Kinder Fortbewegung, Wachstum, Reizbarkeit/Reaktion und Stoffwechsel als Charakteristika des Lebendigen erkennen. Der Schutz der Schnecke ist oberstes Gebot. In einem Unterrichtsgespräch mit der zentralen Fragestellung „Was können wir tun, damit sich die Schnecken bei uns wohl fühlen?" kann gemeinsam nach Möglichkeiten gesucht werden, den Schnecken den Aufenthalt im Klassenzimmer so angenehm wie möglich zu gestalten. Für die Versuche mit den Schnecken eignen sich besonders größere Gehäuseschnecken, da man sie an dem Gehäuse anfassen kann, ohne mit dem Schneckenschleim in Berührung zu kommen und da so das geringste Verletzungsrisiko für die Schnecke besteht. Um die Aktivität der Versuchsschnecke zu erhöhen, kann man sie leicht (ganz vorsichtig) mit Wasser bestäuben oder besprühen.

Wie sieht die Schnecke genau aus? (S. 12)
Bei diesem Versuch können die Schüler selbstständig die Körperteile der Schnecke entdecken. Sie werden die zwei Fühlerpaare (Augen- und Tastfühler) bemerken, die auf den Augenfühlern befindlichen Augen sehen, sie können das Atemloch entdecken, die Charakteristika eines Schneckenhauses beobachten, vielleicht sogar die Kontraktion des Kriechfußes wahrnehmen und die Öffnung des Mundes erspähen.

Wie kriecht die Schnecke? (S. 13), Können Schnecken balancieren? (S. 14), Kriechen Schnecken die Wände hoch? (S. 20)
Die Schnecke hat einen kräftigen, länglichen Kriechfuß. Dadurch, dass sich die Muskeln des Fußes wellenförmig zusammenziehen und wieder ausstrecken, wird der Fuß jeweils ein Stückchen vorgeschoben. Auf dem Kriechfuß befinden sich unterhalb des Mundes Schleimdrüsen, die beim Kriechen einen klebrigen Schleim absondern. Dieser Schleim erleichtert den Schnecken das Kriechen, da auf diese Weise der Reibungswiderstand reduziert wird. Außerdem ermöglicht er der Schnecke, sich senkrecht und kopfüber zu bewegen. Beim Überwinden von Hindernissen erhöht die Schnecke die Schleimproduktion. So ist es ihr möglich, auch unbeschadet scharfe Gegenstände wie z.B. Messer zu überwinden.

Wie schnell ist die Schnecke? (S. 15)
Bei diesem Versuch werden die Schüler zu unterschiedlichen Ergebnissen gelangen. In fünf Minuten kann eine Schnecke ca. 35 cm weit kriechen.

Wie frisst die Schnecke? (S. 21), Wie fühlt sich eine Schnecke an? (S. 16)
Um bei diesen Versuchen ein effektives Beobachtungsergebnis zu erzielen, ist es ratsam, die Schnecken einen Tag lang nicht zu füttern. Die Schnecke wird ihren Mund öffnen und ihre Zunge vor- und wieder zurückschieben, um so die Nahrung aufzunehmen. Vielleicht werden die Kinder spüren, dass die Zunge der Schnecke sich rau anfühlt. Das liegt an den sehr kleinen, nach hinten gerichteten Häkchen, die sich auf der Zunge befinden und mit dem bloßen Auge kaum zu sehen, aber ganz, ganz leise zu hören sind. Mit dieser Raspelzunge raspeln sie kleine Stücke von ihrer Nahrung ab und verspeisen sie dann mit dem Mund.

Zu den Schneckenversuchen

Wie reagieren Schnecken auf Berührung? (S. 17)

Dieser Versuch verlangt von den Kindern Sensibilität der Schnecke gegenüber.
Die Körperteile der Schnecke sollen nur vorsichtig berührt werden.
Auf Berührungen am Mund, an Augen- und Tastfühlern reagiert die Schnecke am empfindlichsten. Es wird zu beobachten sein, dass die Tiere bei der Berührung der Fühler diese ganz einziehen oder zumindest die Augen einstülpen.
Auf Berühren der Kriechsohle reagiert die Schnecke mit dem vollständigen Rückzug in ihr Schneckenhaus oder mit nur einem begrenzten Zusammenziehen der Kriechsohle. Ein Kontakt mit dem Gehäuse ruft bei dem Tier keine Reaktionen hervor, wenn man dieses vorsichtig berührt.

Können Schnecken hören? (S. 18)

Schnecken können nicht hören. Sollte die Schnecke auf den Triangelschlag eine Reaktion zeigen, so liegt dies vermutlich daran, dass der Versuch zu nah an dem Tier durchgeführt wurde und die Schnecke diese Handlung visuell wahrgenommen hat.

Können Schnecken sehen? (S. 19)

Schnecken haben kein scharfes Sehvermögen, es existiert bei ihnen aber eine kurzsichtige optische Wahrnehmung. Sie können mit Hilfe ihrer Hautlichtsinneszellen, die sich auf der Körperoberfläche befinden, und mit Hilfe ihrer Augen, die am oberen Ende der Augenfühler sitzen, Hell und Dunkel sowie die Richtung der Lichtquelle unterscheiden. Die Augen der Schnecke sehen aus wie schwarze Punkte. Erst, wenn man sich ihnen genug nähert, zeigt die Schnecke eine Reaktion.

Wie schnell wächst ein Schneckenhaus? (S. 22)

Die Kinder werden feststellen, dass der von ihnen gezeichnete Strich sich nicht mehr am Rand des Gehäuses befindet und werden somit entdecken, dass das Gehäuse gewachsen ist.

Hinweise zu einigen Aufgaben
Schneckendomino (S. 45), Rechenschnecken (S. 47)

Das Schneckendomino und die Rechenschnecken sind Blankovorlagen, in die Sie die Rechenaufgaben eintragen können, die Sie gerade in Ihrer Klasse üben möchten.
Beispielkarten für das Schneckendomino:

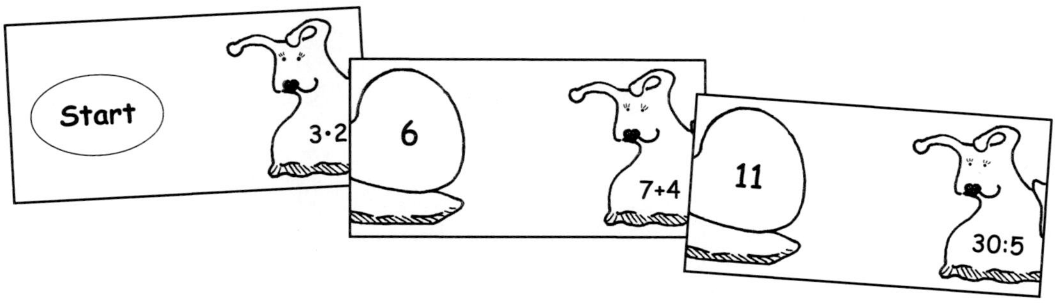

So könnte z.B. eine Rechenschnecke aussehen:

Arbeits-Pass von: ____________________

Angebot	bearbeitet am	kontrolliert von

Regeln

zum Umgang mit Schnecken

1. Ärgere die Schnecke nicht!
Sie ärgert dich auch nicht.

2. Fasse die Schnecke nach Möglichkeit
nur vorsichtig am Häuschen an.

3. Drücke nicht zu fest zu, wenn du eine Schnecke
am Gehäuse anfasst, sonst zerbricht es.

4. Setze die Schnecke nach einem Versuch
sofort wieder ins Terrarium zurück. Achte darauf,
dass der Deckel verschlossen ist.

5. Habe viel Geduld
mit den Schnecken.

6. Achte darauf, dass du die
Schnecke nicht fallen lässt.

7. Reiße die Schnecke
niemals ruckartig von
der Unterlage ab,
sondern löse sie nur
ganz vorsichtig!

8. Wenn ihr das Thema
„Schnecken“ beendet,
setzt die Schnecken dort ab,
wo ihr sie gefunden habt.

Das Schneckenterrarium

Wenn du die Schnecken einen längeren Zeitraum zur Beobachtung in deiner Klasse halten möchtest, solltest du ihnen ein Terrarium einrichten.
Du musst daran denken, die Schnecken regelmäßig mit Salat oder Blättern zu füttern.

Außerdem musst du dafür sorgen, dass immer genug Feuchtigkeit (Wasser) im Terrarium ist.
Aber **Achtung:** Schnecken können nicht schwimmen! Das Wasser darf nur in der Steinschicht (Kieselschicht) sein. Mit einer Sprühflasche kannst du das Innere des Terrariums vorsichtig mit etwas Wasser besprühen.

Du brauchst:
1) ein altes Aquarium
2) Erdschicht
3) ein Stück Gips
4) Kunststoffrohr
5) Kies/Steine
6) Moos/altes Laub/Rasen
7) Fliegengitter
8) Kletteräste
9) Klettverschlüsse
10) Wasser

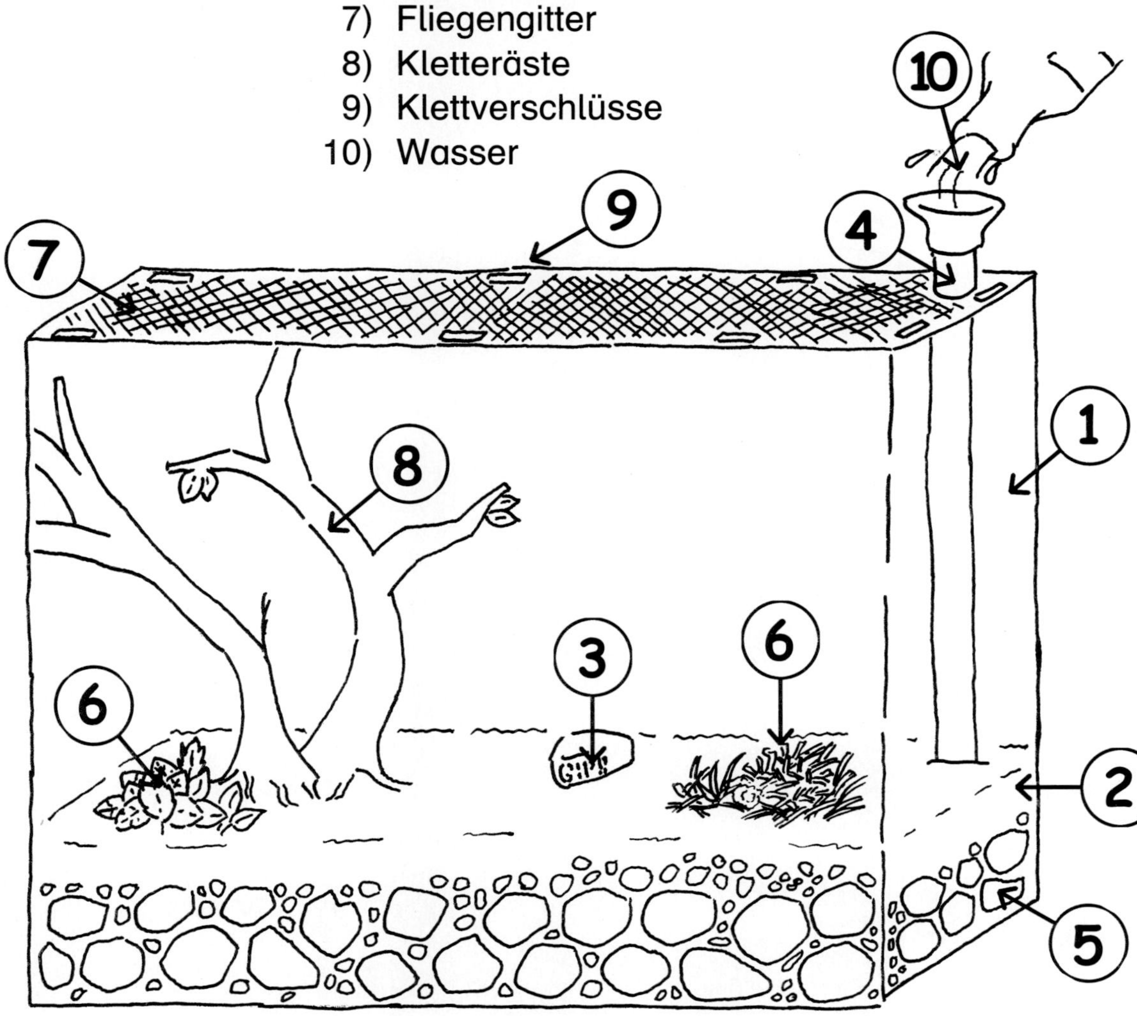

Wie sieht die Schnecke genau aus?

Du brauchst: eine Lupe

So geht es:
1. Beobachte die Schnecke mit einer Lupe.
2. Zeichne die Schnecke.

Was hast du entdeckt?

____

____

____

____

____

Wie kriecht die Schnecke?

Du brauchst: eine Glasscheibe

So geht es:

1. Setze die Schnecke auf die Glasscheibe.
2. Halte die Glasscheibe vorsichtig hoch, sodass du die Schnecke von unten beobachten kannst.
3. Hebe die Schnecke nun vorsichtig ab. Was siehst du und was fühlst du auf der Glasscheibe?
4. Schreibe deine Beobachtung auf.

Kannst du die Bewegungen der Schnecke auf dem Fußboden nachmachen?

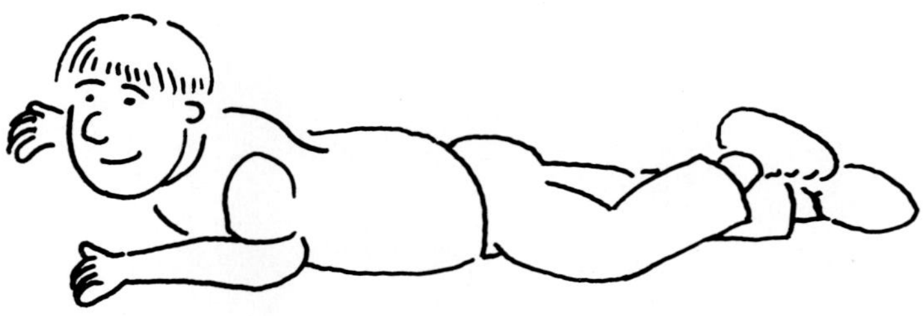

Können Schnecken balancieren?

Du brauchst: einen Strohhalm, Klebeband, zwei Bücher

So geht es:

1. Lege die beiden Bücher auf den Tisch.
2. Schiebe die Bücher auseinander.
3. Lege nun den Strohhalm auf die Bücher und klebe ihn fest.
4. Kann die Schnecke über die Brücke kriechen?
5. Was hast du beobachtet? Schreibe es auf.

✎ ______________________________

____

____

____

Überlege, warum das so ist.
Schreibe deine Vermutung auf.

✎ ______________________________

____

____

____

Wie schnell ist die Schnecke?

Du brauchst: eine Stoppuhr, einen Stift, Maßband

So geht es:
1. Lasse die Schnecke eine Minute lang auf diesem Blatt Papier kriechen. Benutze dazu die Stoppuhr.
2. Zeichne die Kriechspur der Schnecke nach.
3. Miss aus, wie viele Zentimeter sich die Schnecke in der Minute fortbewegt hat.

Setze die Schnecke in die Mitte dieses Feldes.

? Wie weit würde die Schnecke in diesem Tempo in einer Stunde kriechen?

Wie fühlt sich eine Schnecke an?

So geht es: **1.** Setze die Schnecke auf deine Handfläche.
2. Schließe deine Augen! Was spürst du? Schreibe auf.

3. Wenn du dir ein wenig Mehlbrei (Mehl mit Wasser) auf die Hand schmierst, kannst du vielleicht sogar die Zunge der Schnecke spüren. Schreibe deine Beobachtung auf.

Wie reagieren Schnecken auf Berührung?

Du brauchst: ein Wattestäbchen

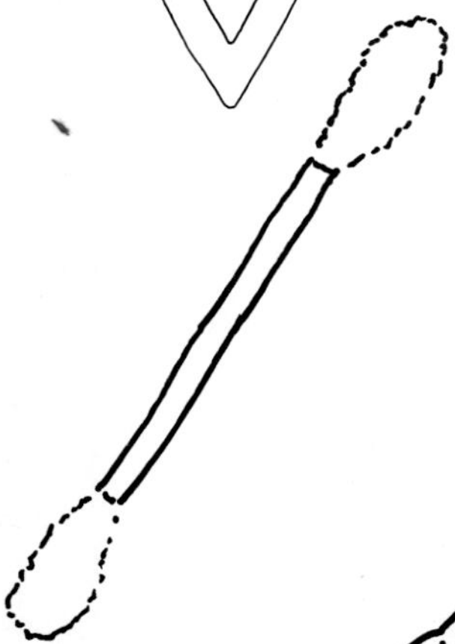

So geht es:

1. Berühre die Schnecke vorsichtig mit einem Wattestäbchen. Schreibe die Reaktion der Schnecke möglichst genau auf.

2. Berühre nun mit dem Wattestäbchen nacheinander die verschiedenen Körperteile der Schnecke, so wie sie in dem Bild nummeriert sind.

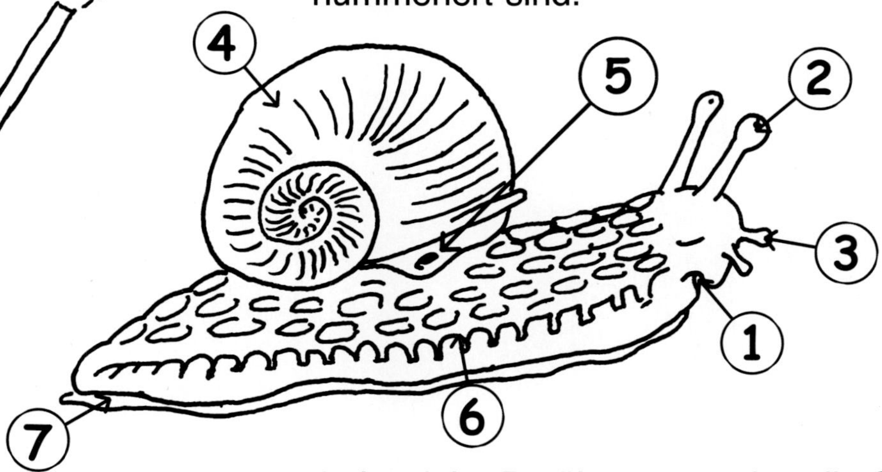

Auf welche Berührung reagiert die Schnecke? Auf welche Berührung reagiert die Schnecke nicht? Schreibe deine Beobachtung in die Tabelle.

Berührung an:	Wie hat die Schnecke reagiert?
1 Mund	
2 Augenfühler	
3 Tastfühler	
4 Gehäuse	
5 Atemloch	
6 Mitte des Fußes	
7 Rand des Fußes	

Können Schnecken hören?

Du brauchst: eine Glasscheibe, einen Triangel oder einen Klangstab

So geht es:

1. Setze die Schnecke auf die Glasscheibe und lasse sie ungefähr drei Minuten ungestört kriechen. Beobachte die Schnecke dabei.

2. Schlage dann plötzlich direkt neben der Schnecke auf den Triangel oder auf den Klangstab.

3. Beobachte, wie sich die Schnecke verhält. Schreibe deine Beobachtung auf.

Können Schnecken sehen?

Du brauchst: eine Glasscheibe, eine Taschenlampe, eine Pappscheibe

So geht es:

1. Setze die Schnecke auf eine Glasscheibe und lasse sie ungefähr drei Minuten ungestört auf der Glasscheibe kriechen. Leuchte die Schnecke dabei mit einer Taschenlampe an.
2. Mache die Taschenlampe aus und halte die Pappscheibe so, dass die Schnecke im Schatten ist.
3. Beschreibe, wie die Schnecke reagiert.

____

____

____

____

4. Nun soll sich die Schnecke aussuchen, ob sie sich lieber im Schatten oder im Licht aufhalten möchte.
   Leuchte dafür eine Stelle der Glasscheibe mit der Taschenlampe an. Biete ihr aber auch Schatten durch die Pappscheibe an.
5. Wofür entscheidet sich die Schnecke? Schreibe deine Beobachtung auf.

____

____

____

Kriechen Schnecken die Wände hoch?

So geht es: **1.** Lasse die Schnecke die Tafel hochkriechen. Ob das klappt? Halte vorsichtig deine Hand unter die Schnecke, damit sie nicht herunterfällt!

2. Schreibe deine Beobachtung auf.

____

____

____

____

Begründe deine Beobachtung.
Warum ist das wohl so?

____

____

____

____

____

Wie frisst die Schnecke?

Du brauchst: einen kleinen Teller, Mehl, Wasser, eine Glasscheibe

So geht es:

1. Rühre auf dem Teller ein **wenig Mehl** mit Wasser zu einem Brei an.
2. Streiche den Brei **dünn** auf die Glasscheibe.
3. Setze die Schnecke auf die Glasscheibe und beobachte von unten, wie die Schnecke frisst.
4. Schreibe auf, was du beobachtet hast.

Wie schnell wächst ein Schneckenhaus?

Du brauchst: einen wasserfesten Filzstift

So geht es:

1. Setze die Schnecke vorsichtig auf deine Hand.
2. Fahre ganz vorsichtig mit dem Filzstift am Rand des Schneckenhauses entlang.
3. Setze die Schnecke wieder ins Terrarium zurück und gib ihr in den nächsten 14 Tagen regelmäßig Salat zu fressen.

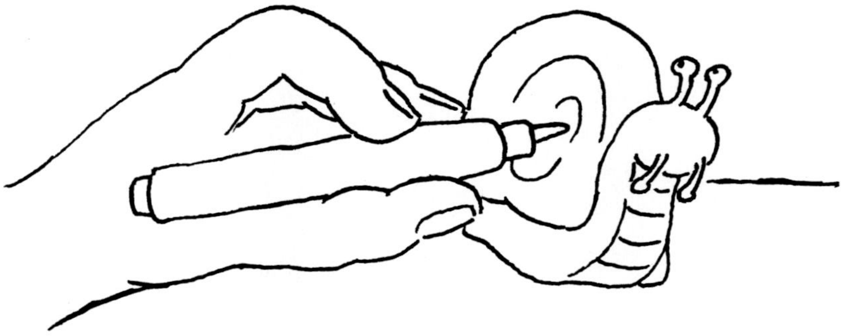

Was kannst du nach 14 Tagen beobachten?
Was hat sich an der Schnecke verändert?
Ist das Schneckenhaus gewachsen?
Schreibe deine Beobachtungen auf.

Schneckenarten (1)

Schnecken gehören zu dem großen Tierstamm der Weichtiere. Weichtiere sind Lebewesen mit weichem Körper und ohne Wirbelsäule. Es gibt viele tausend verschiedene Schneckenarten. Die kleinsten Schnecken sind nur etwa 1 mm groß, die größten Schnecken können bis zu 60 cm groß werden.

Die meisten Schnecken leben im Wasser. Die bekannteste Landschnecke ist wohl die Weinbergschnecke. Viele Landschnecken tragen ein Gehäuse, in das sie sich bei Gefahr zurückziehen können. Das sind die Gehäuseschnecken. Es gibt aber auch Schnecken ohne Gehäuse. Man nennt sie Nacktschnecken.

So geht es:

1. Hier sind Texte und Bilder durcheinander geraten. Schneide erst alles aus.
2. Lies dir die Beschreibungen zu den einzelnen Schnecken gut durch. Kannst du nun die Abbildungen zuordnen?

TIPP: Nimm dir ein Schneckenbuch zu Hilfe.

Hainbänderschnecke
(Cepaea nemoralis)
Sie gehört zu den Gehäuseschnecken. Ihr „Haus“ sieht wie eine eingedrückte Kugel aus und verfügt über braune bis schwarze Längsstreifen.

Baumschnecke
(Arianta arbustorum)
Sie hat ein braunes Gehäuse mit gelben Punkten und einem schwarzen Streifen.
Ihr Körper ist schwarz.

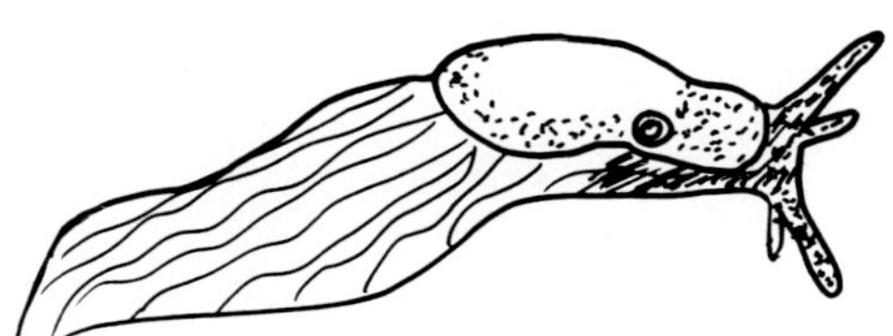

Schneckenarten (2)

Weinbergschnecke
(Helix pomatia)
Sie ist die größte bei uns lebende Gehäuseschnecke. Das Gehäuse kann bis zu 7 cm breit werden. Den beigefarbigen Körper kann sie zu einer Länge von 10 cm ausstrecken.

Ackerschnecke
(Deroceras agreste)
Sie gehört zu den Nacktschnecken und kann eine Länge von 6 cm haben. Sie ist meist grau oder braun gefärbt. Leider ist sie ein häufiger Schädling in Gärten und Pflanzungen.

Achatschnecke
(Achatina fulica)
Wenn du in Afrika leben würdest, könntest du diesen Riesen in deinem Garten herumkriechen sehen. Sie gehört zu den größten Landschnecken. Sie kann eine Länge von 30 cm erreichen. Auch sie ist ein gefürchteter Schädling, da sie zu einer Plage werden kann.

Rote Wegschnecke
(Arion rufus)
Sie gehört zu den Nacktschnecken und kann bis zu 15 cm lang werden. Auf ihrem Rücken befinden sich Kalkeinlagerungen. Man vermutet, dass sie früher ein Gehäuse besaß.

Schneckenkinder (1)

So geht es: **1.** Lies dir den kurzen Informationstext über die Fortpflanzung der Schnecken durch.
2. Schreibe nun eigene kurze Texte zu den Abbildungen.

Im Frühsommer ist bei den Schnecken Paarungszeit. Wichtig ist, dass Schnecken zugleich Männlein und Weiblein sind. Das bedeutet aber auch, dass sich die Schnecken gegenseitig befruchten.
Zwei Schnecken betasten sich mit ihren Fühlern und Köpfen.
Sie schmiegen sich eng aneinander.
Nun stoßen sie sich den so genannten Liebespfeil in ihre Fußsohlen, um sich gegenseitig zu zeigen, dass sie zur Paarung bereit sind. Die Körper werden zusammengepresst und die Schnecken erheben sich.
Gegenseitig übergeben sie sich die Samen. Die Geschlechtsteile der Schnecken sitzen am Kopf!
Sechs bis acht Wochen nach der Paarung sind die Eier reif.
Die Schnecke gräbt mit dem Fuß ein Loch in die Erde und legt 30 bis ein paar hundert Eier in der Höhle ab.
Nach etwa zwei Wochen schlüpfen die Jungschnecken aus den Eiern.
Sie haben schon fertige Häuschen.
Nach weiteren drei Wochen sind sie kräftig genug, um die Erde zu verlassen. Jetzt beginnen sie, sich von Grünfutter zu ernähren.

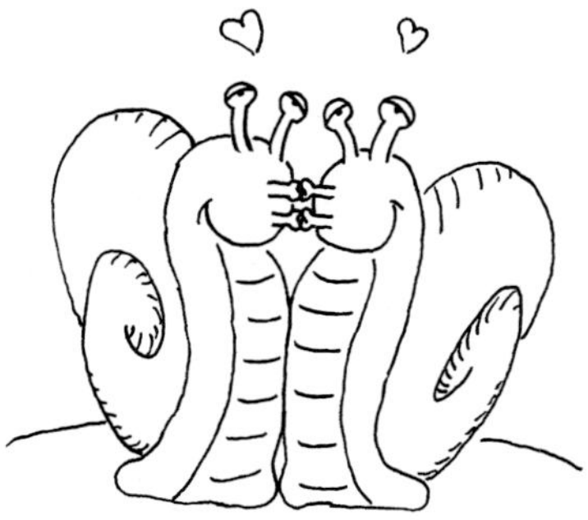	______________ ______________ ______________ ______________
	______________ ______________ ______________ ______________

Schneckenkinder (2)

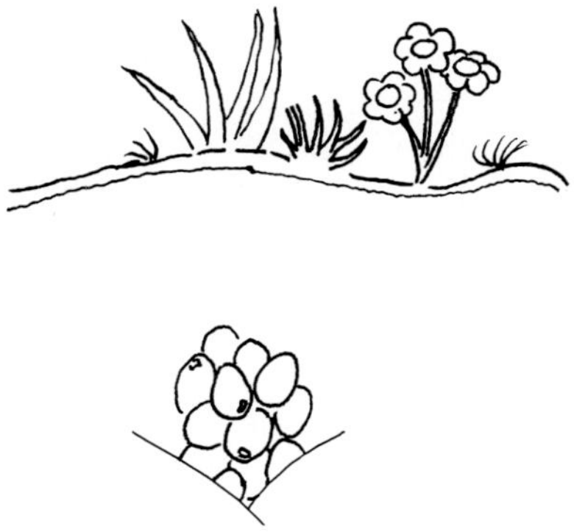	

Schneckengift

So geht es:
1. Lies dir die kurzen Texte durch.
2. Bilde dir deine eigene Meinung zu dem Problem „Schneckengift“ und schreibe sie auf. Du kannst dazu die Rückseite oder dein Heft benutzen.

Ernte vernichtet!
Eine große Anzahl von Weinbergschnecken hat die gesamte Ernte eines Bauern in nur einer Nacht vernichtet. Die Schnecken machten sich über das Feld mit Kopfsalat her und fraßen den Salat bis auf den letzten auf.

Schnecken sind eine Plage
Jedes Jahr bedrohen Schnecken die Ernte, da sie zu einer echten Plage geworden sind. Vor allem die Nacktschnecken sind besonders gefräßig. Die riesige Achatschnecke ist in Afrika ein sehr gefürchteter Schädling.

Duftender Dill vertreibt Schnecken
Dill gehört zu den Kräutern. Er muss jedes Jahr neu gesät werden. Die Keimdauer beträgt aber nur drei Wochen. Dill braucht lockere, mit Sand vermischte Erde. Erfahrene Gärtner säen den duftenden Dill zwischen Möhren, um Schnecken zu vertreiben.

Igel fast ausgestorben
Von Jahr zu Jahr gibt es weniger Igel. Die Ursache: Die Aufschrift «Wird von Igeln gemieden» auf Dosen mit Schneckengift zeigt nicht, wie gefährlich das Gift ist. Klar fressen die Igel nicht die ausgestreuten Giftkörner, wohl aber die damit vergifteten Schnecken. Auf diese Weise nehmen sie das Gift über ihre Nahrung auf. Eine schleichende Vergiftung ist die Folge.

Die Schnecke im Internet

Bestimmt bist du schon einmal im Internet gewesen. Kennst du aber auch Internet-Suchmaschinen? Da das Internet so groß und ganz schön unüberschaubar ist, gibt es Suchmaschinen, um sich besser zurechtzufinden. Wenn man einen Suchbegriff eingibt, verrät dir die Suchmaschine viele Seiten zum Thema.

Dies ist eine Suchmaschine, die extra für Kinder erarbeitet worden ist:

www.blindekuh.de

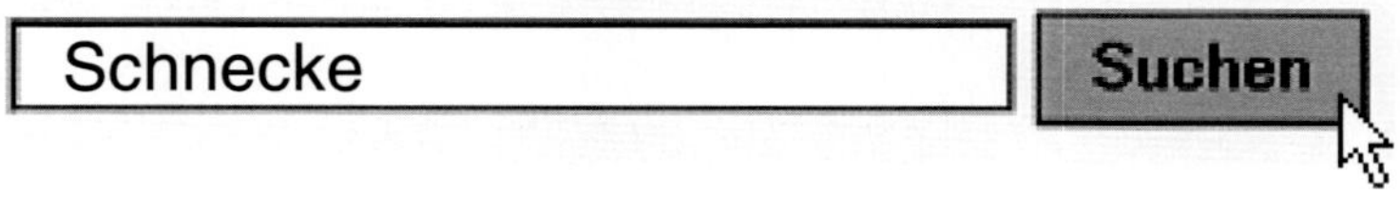

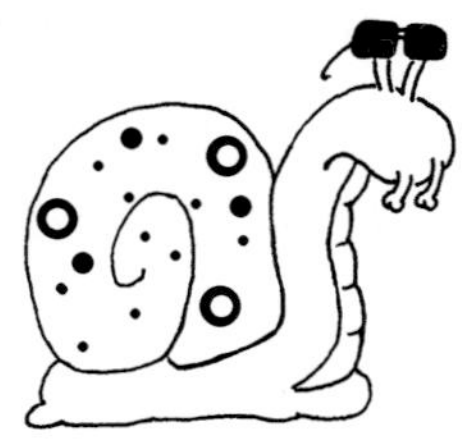

Suche im Internet nach Schnecken-Seiten.

1. Begib dich ins Internet.
2. Gib im Adressenfeld die Adresse der „Blinden Kuh“ an.
3. Es erscheint nun die Seite der Suchmaschine. Dort findest du ein Feld, in das du den Suchbegriff **Schnecke** eingibst. Klicke dann auf „Suchen“.
4. Rufe nun die gefundenen Seiten auf, indem du mit der linken Taste deiner Maus auf den unterstrichenen Text klickst.
5. Schaue dir die Seiten genau an. Wenn du etwas über Schnecken findest, lies es durch.
6. Wähle fünf Internetseiten aus und schreibe ihre Adressen ganz genau auf.
7. Welche Seite gefällt dir am besten? Begründe deine Meinung. (Schreibe auf der Rückseite weiter.)

TIPP: Manchmal findest du auch Dinge, die dich gar nicht interessieren. Rufe dann einfach andere Seiten auf. Mit den Tasten ⇦ **Zurück** und **Vorwärts** ⇨ oben links in der Menüleiste kannst du wie in einem Buch vor- und zurückblättern.

Schneckengeflüster

Die Sprechblasen ergeben, richtig angeordnet, ein Gespräch zwischen einer kleinen Wegschnecke und einer großen Weinbergschnecke.

Ordne die Fragen und Antworten einander zu. Denke daran, dass hinter die Fragen ein Fragezeichen kommt und du am Ende der Aussagesätze einen Punkt setzen musst.

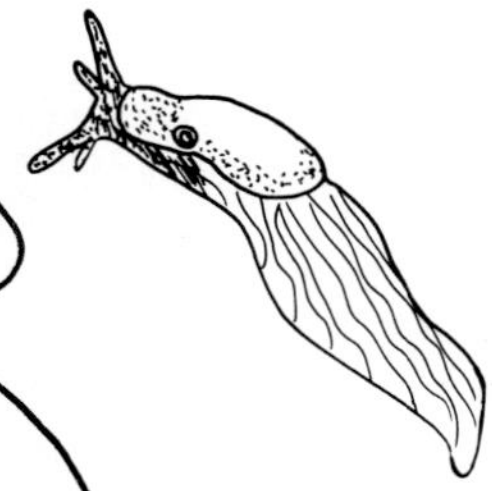

Ich habe ein tolles Beet gefunden.

Was gibt es denn da?

Du sollst eben nicht so langsam wie eine Schnecke sein.

Nein, es sind im Eiltempo nur ein paar Minuten.

Wo finde ich es denn?

Du findest dort die besten Salate.

Ist es weit bis dahin?

Du findest das Beet hinter dem Wald.

Was heißt denn Eiltempo?

Endlos-Schnecke

Diese Schnecke hat ein Endloswort in ihrem Gehäuse versteckt. Jetzt fragst du dich sicher, was ein Endloswort ist. Es handelt sich hierbei um ein Wort, das kein Ende findet. Der zweite Teil eines Wortes ist dabei gleich wieder der erste Teil des folgenden Wortes.

So geht es:
1. Schreibe das Endloswort im Gehäuse weiter.
2. Schreibe dann die Wörter wie im Beispiel auf.

Hausdach, Dachfenster

Silbenschnecke

Eine kleine Schnecke wurde nie satt,
obwohl sie fraß Blatt für Blatt.
Am ersten Tag verschlang sie Blattsalat,
am nächsten Tag verspeiste sie Spinat.
Am dritten Tag schmeckte ihr Petersilie nur zu gut,
am vierten Tag es auch ein Rettichblatt tut.
Am letzten Tag schmatzt sie Grünkohl.
Und nun ist ihr überhaupt nicht mehr wohl.
Sie hat Bauchschmerzen furchtbar doll,
dabei ist ihr Magen noch gar nicht voll.

Zerlege die Wörter des Gedichts in Silben. Trenne jede Silbe durch einen Schrägstrich ab. Wörter, die zwei oder mehr Silben haben, schreibe zergliedert mit Bindestrich auf.

TIPP: Lies das Gedicht laut vor und klatsche dabei die Silben. Wenn der Platz auf den Linien nicht reicht, schreibe auf der Rückseite weiter.

Ei-ne / klei-ne / Schne-cke /

Schneckenbotschaft

Ichbineinekleineschnecke.ichhabeschonrechtvielerlebt.einmalwolltemicheineamselfressen.ichhabemichganzschnellinmeinhauszurückgezogen.dieamselkonntemitmeinerhartenschalenichtvielanfangen.dahabeichnochrichtigglückgehabt.denwinterhabeichvölligverschlafen.erstimfrühjahrbinichwiederwachgeworden.binmalgespannt,wasichdiesesjahrerlebenwerde.

Kannst du die Schneckenbotschaft lesen?
Trenne die Wortgrenzen mit einem Strich ab.
Schreibe den Text ab und achte dabei auf die Groß- und Kleinschreibung.

Gedicht „Die Schnecke"

Die Schnecke

Im Wald und Garten lebt ein Tier,
das macht im Winter zu die Tür.
Geht es im Frühling wieder aus,
bleibt es doch halb zu Haus.

Josef Guggenmos

Dies ist ein kurzes Gedicht über die Schnecke.

So geht es:

1. Schreibe es ordentlich ab und gestalte es passend. Du kannst etwas dazumalen und einen schönen Rahmen zeichnen.
2. Möchtest du es auswendig lernen und es vortragen? Vielleicht hast du auch Lust, eine oder mehrere Strophen weiterzudichten.

Lückengedicht „Die Schnecken"

Dicke Weinbergschnecken haben bei diesem Gedicht von Wilhelm Busch einige Wörter weggefressen.

Wenn du auf den Reim achtest, kannst du die Wörter von unten wieder in das Gedicht einfügen.

Die Schnecken

Rötlich dämmert es im Westen,
und der laute Tag verklingt,
nur dass auf den höchsten ____________
lieblich noch die Drossel ____________.

Jetzt, in dichtbelaubten Hecken,
wo es still verborgen blieb,
rüstet sich das Volk der ____________
für den nächtlichen ____________.

Tastend streckt sich ihr Gehörne.
Schwach nur ist das Augenlicht.
Dennoch schon aus weiter ____________
wittert sie ihr ____________.

Schleimig, säumig, aber ____________,
immer auf dem nächsten ____________,
finden sie die Gartenbeete
mit dem schönen Kopfsalat.

Hier vereint zu ernsten Dingen
bis zum ____________,
nagen sie geheim und ____________
tief ins grüne Herz hinein.

Darum braucht die Köchin Jettchen
dieses Kraut nie ohne ____________.
Sorgsam prüft sie jedes ____________,
ob sich nichts darin verbarg.

Sie hat Furcht, den Zorn zu wecken
ihres lieben gnäd'gen ____________.
Kopfsalat vermischt mit ____________
mag der alte Kerl nicht gern.

Ästen	Leibgericht	Blättchen	Morgensonnenschein	Betrieb		
singt	stete	Ferne	dringen	Herrn	Schnecken	Arg
Pfad	Schnecken					

Schnecken aus der Dose

Du brauchst: eine leere Dose (gespülter Jogurtbecher, Konservenbüchse, ...)

So geht es:

1. Schneide die Dosenwörter unten aus und fülle sie in die Dose.

2. Lege die Wörter aus der Dose vor dich hin.

3. Wähle ein Wort aus und merke dir, wie es geschrieben wird. Schreibe es auswendig in dein Heft. Anschließend musst du vergleichen, ob du es richtig geschrieben hast. Wenn ja, stecke es zurück in die Dose.

4. Verfahre mit den anderen Wörtern genauso, bis die Dose wieder voll ist.

Dosenwörter

heiß

die Schnecke

kühl

empfindliche

draußen

die Dämmerung

kriechen

der Zentimeter

das Versteck

die Umgebung

zusammenziehen

vorwärts

beobachten

feucht

die Fühler

strecken

betasten

das Hindernis

Schnecken-Partnerdiktat

So geht es:

1. Lest zu zweit den Diktattext.
2. Diktiere ihn nun deinem Partner. Mache bei jeder Schnecke eine Pause, damit dein Partner in Ruhe schreiben kann. Korrigiert gemeinsam.
3. Nun diktiert der andere.

Wenn es draußen feucht ist, ist die Zeit der Schnecken gekommen. An heißen Tagen kann man Schnecken nicht beobachten, sie kommen erst in der kühleren Dämmerung aus ihrem Versteck. Ihre empfindliche Haut darf nicht austrocknen. Indem sie sich zusammenziehen und wieder strecken, bewegen sie sich vorwärts. Schnecken betasten mit ihren Fühlern die Umgebung. Mit ihren Augen können sie nur einige Zentimeter weit sehen. Hindernissen weichen sie aus oder sie kriechen drüber.

Schneckengeschichte

Eine Schnecke kann bis zu 20 Jahre alt werden. In dieser Zeit erlebt sie bestimmt recht viel.

Kannst du dir ein Abenteuer vorstellen und es aufschreiben?

TIPP: Vielleicht sammelt ihr all eure Geschichten und macht daraus ein Schneckengeschichten-Buch.

Bildergeschichte

Schreibe eine Geschichte, die zu den Bildern passt.

Snail-Talk

Zwei englische Schnecken unterhalten sich.
„Snail-Talk" heißt ins Deutsche übersetzt
„Schneckengespräch".

Kannst du mit Hilfe der Wörterliste die ganze Unterhaltung übersetzen?

Hi little snail! How are you?

Hi big snail! I feel very well, because I have eaten a very delicious salad.

Wörterliste

a	= ein	how	= wie
are	= sein (hier: bist)	I	= ich
because	= weil	little	= klein
big	= groß	salad	= der Salat
delicious	= köstlich	snail	= die Schnecke
feel	= fühlen	very	= sehr
have eaten	= habe gegessen	well	= gut
hi	= hallo	you	= du

Weißt du nun, worüber sich die Schnecken unterhalten?
Schreibe es bitte hier genau übersetzt auf!

1 2 3 Schneckenkonzert

Riesengroßer Andrang in der Bernd-Schleim-Halle. Die englische Schneckengruppe „The old snails“ („snail“ ist das englische Wort für „Schnecke“) gibt ihr Abschiedskonzert. Viele Schnecken wollen sich dieses super Konzert noch anhören, aber es gibt nur noch ein paar Karten. Die begehrten Tickets werden an jede neunte Schnecke verteilt.

So geht es:
1. Male alle Schnecken aus der 9er-Reihe bunt an.
2. Schreibe nun die Buchstaben der bunten Schnecken in der richtigen Reihenfolge auf, indem du die 9er-Reihe von vorne durchgehst. Nun weißt du, aus welcher Stadt „The old snails“ kommen.

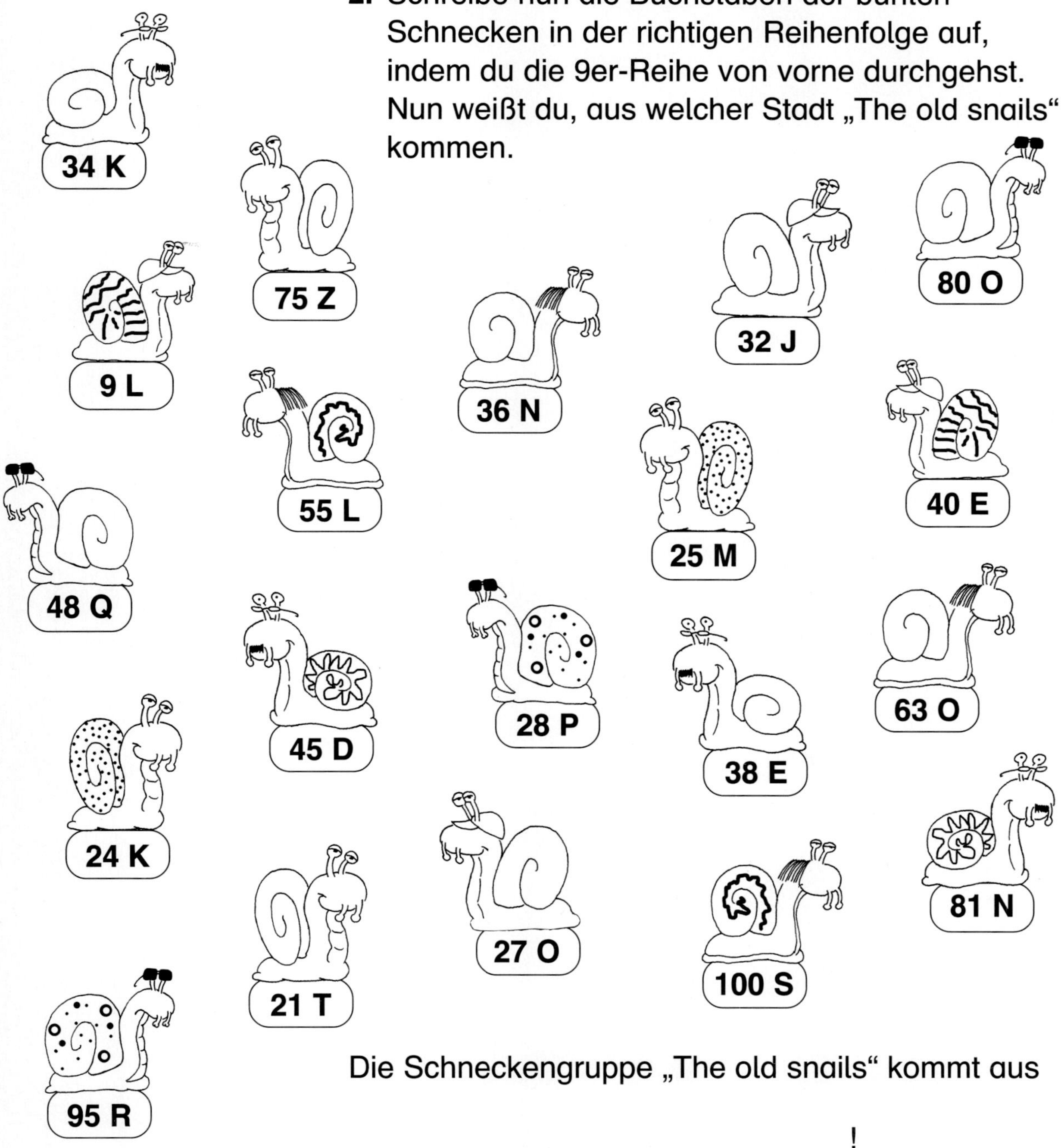

Die Schneckengruppe „The old snails“ kommt aus

____ ____ ____ ____ ____ ____!

Schnecken-wirrwarr

Löse die 1 • 1-Aufgaben und male anschließend die Felder mit den richtigen Farben an.

0 – 10 gelb
11 – 20 rot
21 – 30 orange
31 – 40 braun
41 – 50 grün
51 – 60 blau
61 – 70 lila
71 – 80 rosa

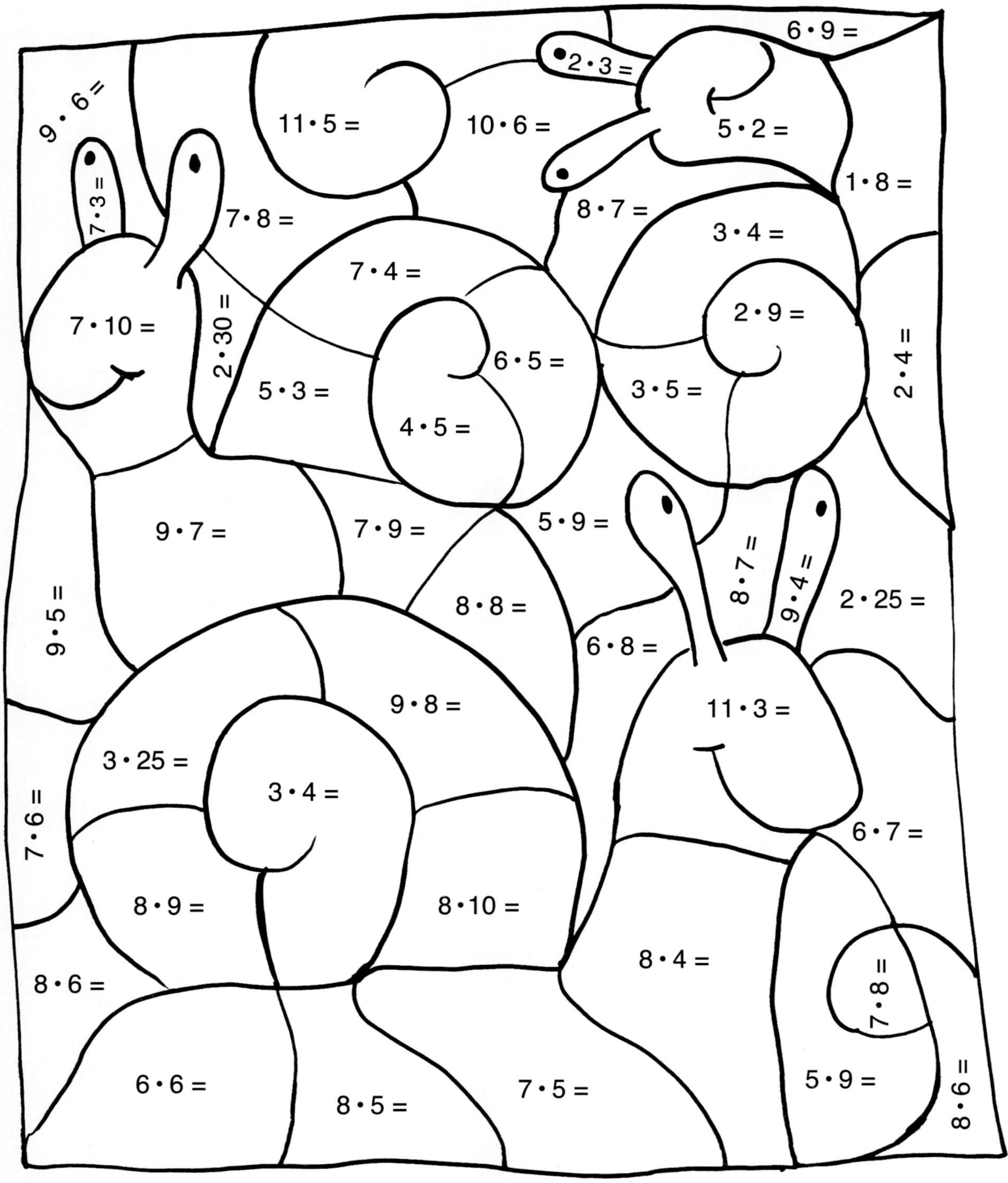

Schneckendomino

Schneide zuerst alle Karten aus.
Jetzt kannst du Domino spielen.

1. Beginne mit der Startkarte.
   Lege sie auf den Tisch.
2. Rechne die Aufgabe aus und suche die Karte mit dem passenden Ergebnis.
3. Rechne nun wieder die neue Aufgabe aus und suche die Karte mit dem passenden Ergebnis.
4. Wenn du alle Aufgaben richtig gerechnet hast, liegt die Zielkarte am Schluss.

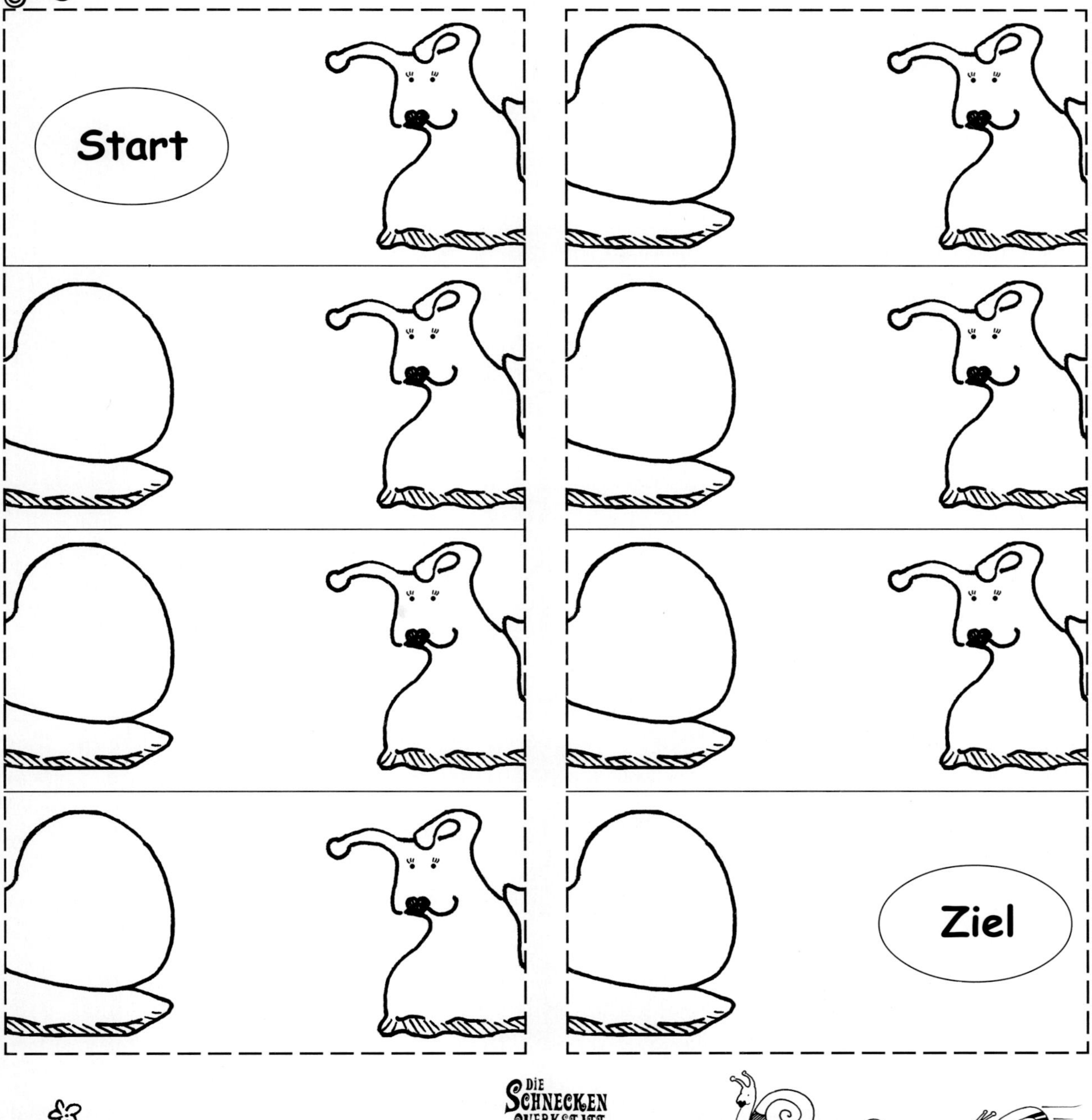

1 2 3 Textaufgaben

Im Terrarium der Klasse 3a befinden sich 38 Schnecken.
Die Kinder konnten beobachten, wie eine Schnecke Eier gelegt hat. Nach einiger Zeit schlüpfen 26 Schneckenbabys aus den Eiern.

Frage: Wie viele Schnecken sind nun im Terrarium?

Rechnung:

Antwort:

Die Klasse 2b hat 73 Schnecken in einem Terrarium. Die Kinder machen mit den Schnecken viele Versuche. Eines Tages vergisst Tim, die Abdeckung des Terrariums richtig zu verschließen. Über Nacht kriechen 27 Schnecken aus dem Terrarium.

Frage:

Rechnung:

Antwort:

Herr Grün hat im Frühling in seinem Garten 54 kleine Salatpflanzen angepflanzt. Er freut sich schon auf den Sommer, denn dann kann er den Salat ernten. Aber eines Nachts fressen ihm drei Schnecken 17 der Salatpflanzen auf. Herr Grün ist sehr wütend über den Schneckenfraß an seinen Salatpflanzen.

Frage:

Rechnung:

Antwort:

Rechenschnecken

Beginne, im inneren Feld zu rechnen.

Schneckenrennen

Marie, Luisa und Tim veranstalten mit ihren Schnecken ein Schneckenrennen. Um 11.25 Uhr kriechen die Schnecken von der Startlinie los. Maries Schnecke erreicht um 11.56 Uhr als Erste das Ziel. Tims Schnecke trifft dort als Zweite 9 Minuten später ein. Luisas Schnecke hat auf dem Weg eine Pause eingelegt und kommt eine halbe Stunde nach Tims Schnecke auch endlich im Ziel an.

Frage 1:
Wie lange braucht Maries Schnecke für die Strecke?

Rechnung:

Antwort: ____

____

Frage 2:
Um wie viel Uhr trifft Tims bzw. Luisas Schnecke im Ziel ein?

Rechnung:

Antwort: ____

____

Schnecken-Mandala

(Aus: Bley/Sikasa: Mandalas zum Thema:
Tiere in Haus, Hof und Garten (S. 27).
Verlag an der Ruhr, 1999.
ISBN 3-86072-420-7)

Schneckengeschichten weiterschreiben

Suche dir einen der Geschichtenanfänge aus und schreibe eine spannende, fantasievolle oder lustige Geschichte dazu. Vielleicht sammelt ihr all eure Geschichten und macht daraus ein Schneckengeschichten-Buch.

In einem kleinen Gemüsebeet gab es nur noch einen letzten saftigen Salat. Eine rote und eine gelbe Schnecke entdeckten diesen gleichzeitig. In ihrem schnellsten Schneckentempo krochen sie auf ihn zu. „Erster", sagte ...

Jan und Peter hatten einmal furchtbare Langeweile. Missmutig liefen sie über eine Wiese. Plötzlich sah Jan eine kleine Schnirkelschnecke. Er nahm sie in die Hand und ...

Gerade war die Sonne untergegangen, und es setzte ein schwacher Regen ein, als die große Weinbergschnecke ihren täglichen Weg zum Gemüsebeet antrat. Plötzlich hörte sie ein Geräusch.
Was konnte das nur sein?
Schnell wollte sich die Schnecke verstecken, aber ...

Feinde der Schnecke

Der Igel isst gerne Schnecken.
Er zerbeißt das Gehäuse. Mäuse und Ratten zernagen mit ihren scharfen Nagezähnen das Gehäuse der Schnecken und fressen sie dann.
Die Drossel zerschlägt das Schneckengehäuse auf einem Stein.
Kröten und Frösche haben keine Zähne. Sie können das Gehäuse nicht zerstören. Deshalb fressen sie nur Nacktschnecken.
Ameisen und Käfer fressen gern Schneckeneier, die sie in der lockeren Erde finden.

So geht es:

1. Lies dir den kurzen Infotext durch.
2. Kannst du die Feinde der Schnecke im Gitterrätsel entdecken?
   Markiere sie mit unterschiedlichen Farben.
3. Schreibe die Namen der Tiere noch einmal unten auf.

A	M	E	I	S	E	H	S	X	Ö	F	D	V
X	G	J	A	G	R	N	K	Ä	Y	C	R	O
I	K	Z	E	I	L	B	R	T	H	K	O	X
B	I	G	E	L	M	U	Ö	A	N	J	S	K
Q	F	S	C	H	R	N	T	T	X	R	S	Y
A	F	D	I	T	A	U	E	L	B	I	E	U
S	O	A	C	N	T	J	S	I	V	O	L	A
K	L	F	B	I	T	F	R	Ö	S	C	H	E
E	M	Ä	U	S	E	B	H	N	P	L	X	M
N	I	P	J	Z	N	U	T	K	Ä	F	E	R

1. ______________________
2. ______________________
3. ______________________
4. ______________________
5. ______________________
6. ______________________
7. ______________________
8. ______________________

Lebensweise der Schnecke

Schnecken lieben Feuchtigkeit. Ohne Wasser würde ihre schleimige Haut austrocknen und sie müssten sterben. Deshalb können Schnecken Sonne und Wärme nicht leiden. Aus diesem Grund leben Schnecken an feuchten Orten und sind meist in der Nacht aktiv, wenn es nicht mehr so heiß ist. Am lebhaftesten sind Schnecken im Frühjahr. Wenn es im Sommer zu warm wird, verkriechen sie sich vor der Hitze. Sie schützen sich mit ihrem Häuschen und verschließen die Öffnung mit einem Schleimhäutchen, das an der Luft trocknet. Manche Schnecken graben sich auch ein Loch in die Erde und legen sich hinein. Nun können sie ungestört schlafen. Dieser Schlaf heißt Trockenstarre und kann bis zu drei Wochen dauern.

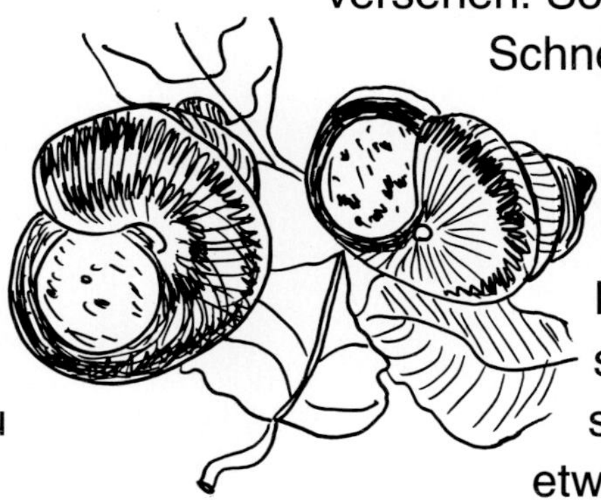

Sollte es zu regnen beginnen, wachen die Schnecken auf. Nach der Trockenstarre bis zum Winterschlaf müssen die Schnecken viel Nahrung zu sich nehmen, damit sie den Winter überstehen können. Sie ernähren sich ausschließlich von Pflanzen. Den ganzen Winter über leben sie von dem angefressenen Vorrat. Wenn es kalt wird, wühlen sich die Schnecken in Laub, Erde und Moos und bereiten sich auf den Winter vor. Wieder wird das Haus mit einer Schutzschicht versehen. So verfallen die Schnecken in die Winterstarre, die bis zu vier Monate dauern kann. Im Frühjahr werden sie wieder rege und suchen sich sofort etwas zu fressen.

Richtig oder falsch? Kreuze an.

	richtig	falsch
Im Herbst fressen Schnecken besonders wenig.		
Im Winter verfallen Schnecken in die Winterstarre.		
Schnecken verkriechen sich bei Wärme in ihr Häuschen.		
Schnecken sind meist am Tag unterwegs.		
Das Schleimhäutchen schützt vor Wärme und Kälte.		
Schnecken graben sich ein Loch, um darin zu überwintern.		
Die Trockenstarre kann bis zu vier Monate dauern.		
Durch Regen kann die Trockenstarre unterbrochen werden.		
In einer Vorratskammer sammeln die Schnecken Nahrung.		
Schnecken lieben Sonne und Hitze.		
Besonders lebhaft sind Schnecken im Frühjahr.		
Schnecken müssen sterben, wenn ihre Haut ausgetrocknet ist.		

Körperteile der Schnecke

Wie heißen die Körperteile der Schnecke?
Schreibe die Wörter an die richtige Stelle.

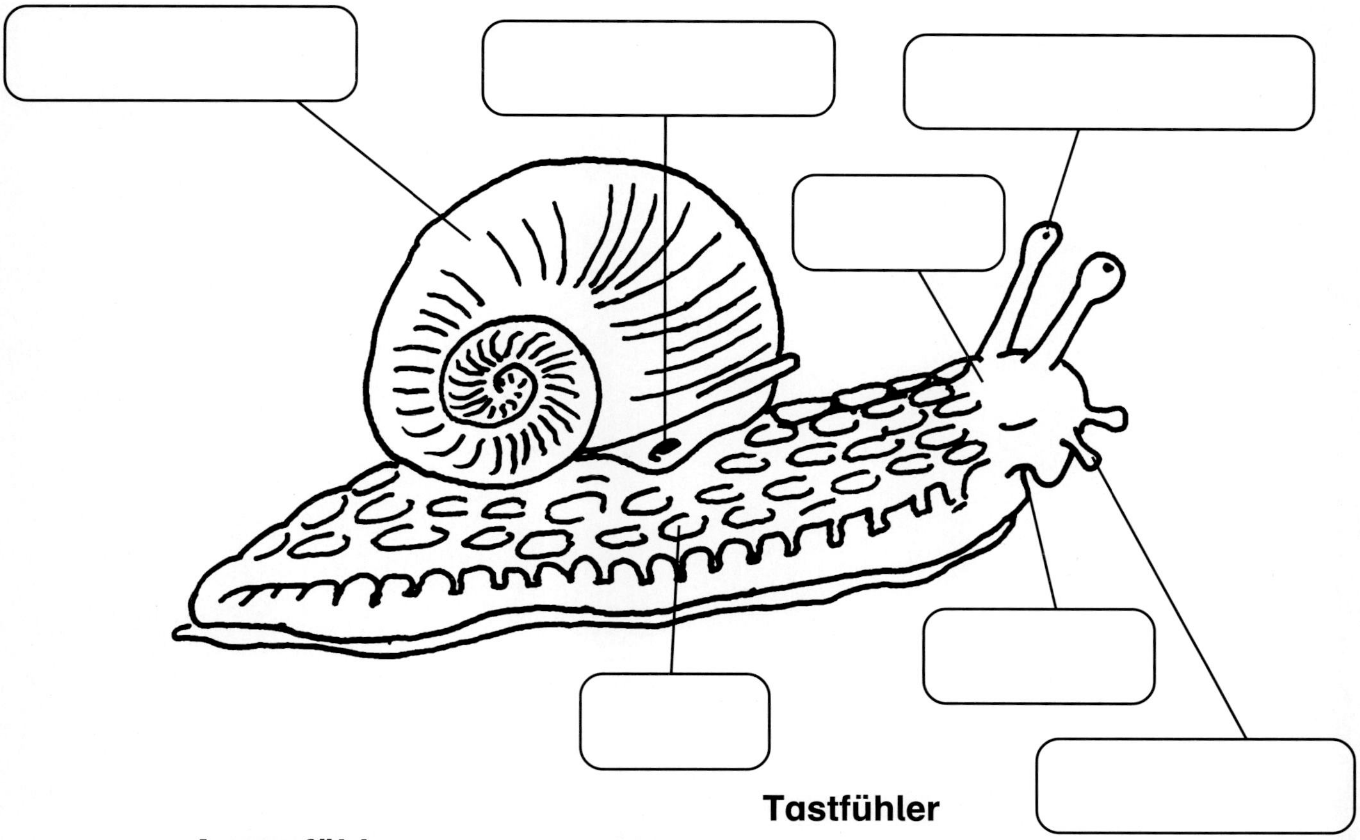

Tastfühler

Augenfühler

Atemloch

Gehäuse

Kopf

Mund

Fuß

Vergleiche den Körperbau der Schnecke mit deinem eigenen Körperbau.

____

____

____

____

____

Wellpappenschnecken

Du brauchst: 3–4 cm breite Streifen Wellpappe (60–80 cm lang für das Schneckenhaus, 25–30 cm lang für den Schneckenkörper), 1 braunen Pfeifenputzer, 2 Holzperlen (mit Löchern), Klebestift

So geht es:

1. Zuerst bestreichst du eine Seite des langen Wellpappenstreifens mit Kleber. Anschließend rollst du ihn ganz fest auf. Drücke das entstandene Schneckenhaus einen Augenblick fest an, bis der Kleber trocken ist.

2. Lege den kurzen Wellpappenstreifen doppelt vor dich hin. An der Faltkante lässt du eine Schlinge, die später der Kopf sein wird. Klebe diese Form zusammen. Schneide dann das Körperende spitz zu.

3. Nun musst du das Schneckenhaus auf dem Körper befestigen. Auch hier musst du wieder geduldig andrücken. Halbiere nun den Pfeifenputzer. Stecke jeweils eine Holzperle durch einen Pfeifenputzer und knicke dann das Ende um. Zum Schluss stecke das andere Ende des Pfeifenputzers vorsichtig durch den Kopf der Schnecke. Jetzt hat deine Schnecke zwei Fühler.

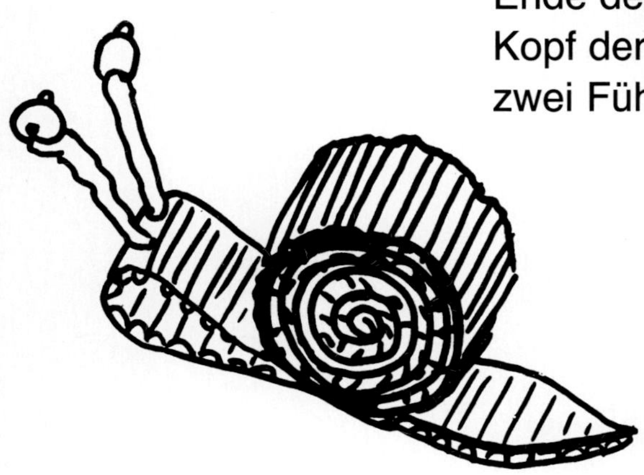

Wollschnecke

Du brauchst: ein weißes Blatt Papier, Wollreste, Stoff, Filzstifte, Klebstoff, Schere

So geht es:

1. Streiche etwas Klebstoff kreisförmig auf das Blatt Papier. Drücke nun den Wollfaden in der Mitte des Kreises fest an.
2. Kreise nun mit der Wolle immer um diesen Punkt. Achte darauf, dass der Abstand zwischen den einzelnen Schichten möglichst gering ist.
3. Wenn du das Schneckenhaus fertig hast, kannst du mit Filzstiften oder aus einem Stück Stoff den Körper der Schnecke gestalten.

© Verlag an der Ruhr, Postfach 10 22 51, 45422 Mülheim an der Ruhr, www.verlagruhr.de

Fensterschnecke

Hast du Lust, eine bunte Schnecke für euer Klassenfenster zu basteln? Das ist ganz einfach!

Du brauchst: Schere, Kleber, Schablonen, bunten Tonkarton

So geht es:

1. Übertrage mit Hilfe der Schablonen die Einzelteile der Schnecke auf den Tonkarton. Achte darauf, dass du möglichst viele verschiedene Farben benutzt.
2. Lege nun die einzelnen Teile zu einer Schnecke zusammen und klebe sie vorsichtig übereinander. Achte dabei auf die richtige Reihenfolge der Zahlen.
3. Zum Schluss kannst du ihr noch ein lustiges Gesicht malen. Denke daran, dass du es von beiden Seiten auf die Schnecke malst.

Die Schnecken Werkstatt 51

Schablonen-Vorlage
Fensterschnecke

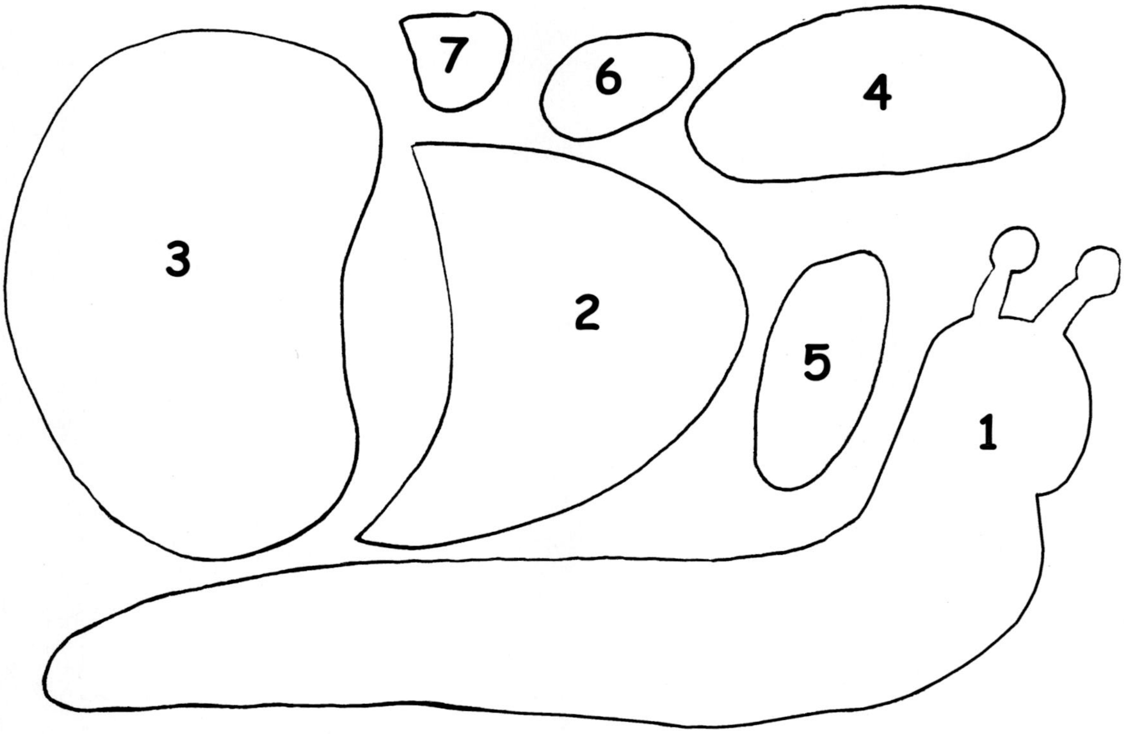

Legeanleitung Fensterschnecke

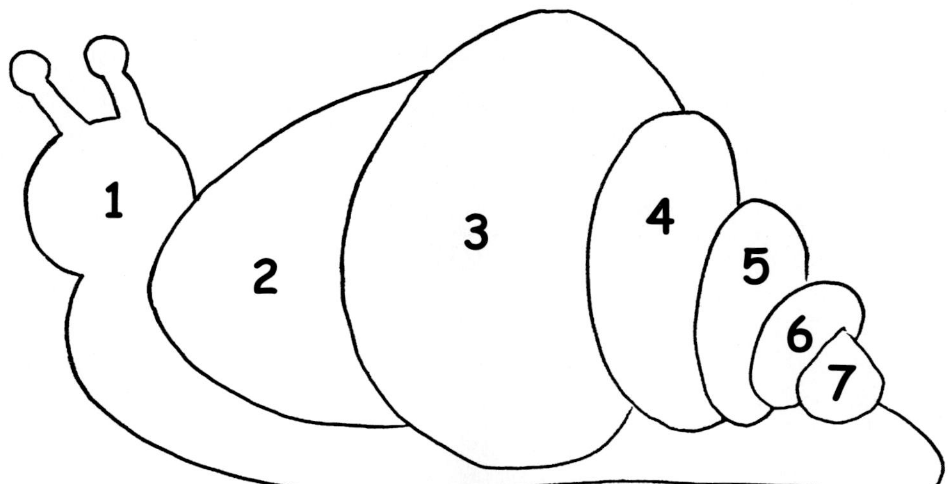

Meine Lieblingsschnecke

Du brauchst: ein weißes Blatt Papier, einen Bleistift, Buntstifte oder Filzstifte, einen schwarzen Stift

So geht es:

1. Zeichne mit einem Bleistift den Umriss einer Schnecke. Achte darauf, dass sie so naturgetreu wie möglich aussieht.
2. Male sie anschließend mit bunten Stiften aus. Wähle die Farben so, wie sie in der Natur vorkommen. Zum Schluss musst du nur noch die Bleistiftlinien mit dem schwarzen Stift nachzeichnen.

Schneckenhäuser

Du brauchst: ein weißes Blatt Papier, einen Bleistift oder einen schwarzen Filzstift

So geht es: Versuche, möglichst viele verschiedene Schneckenhäuser nur aus

Punkten 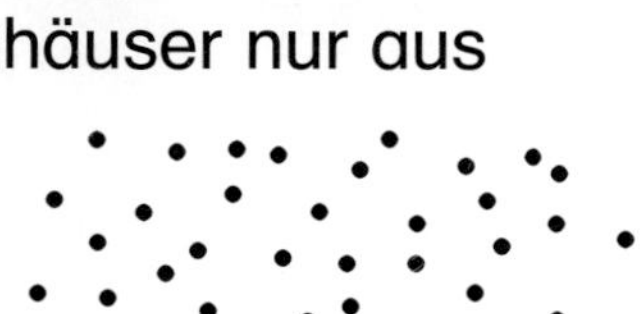

Strichen 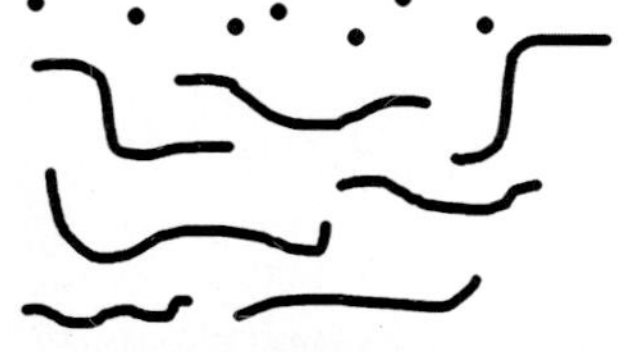

oder Linien  zu gestalten.

Schneckentanz

Das brauchst du: Buntstifte, Schere, einen Faden

So geht es:

1. Male die Schnecken-Vorlage bunt an. Schneide sie zunächst außen herum ordentlich aus. Dann schneidest du entlang der gestrichelten Linie ein.
2. An dem schwarzen Punkt musst du nun noch einen Faden befestigen. Wenn du deine Schnecke aufhängst, beginnt sie zu tanzen.

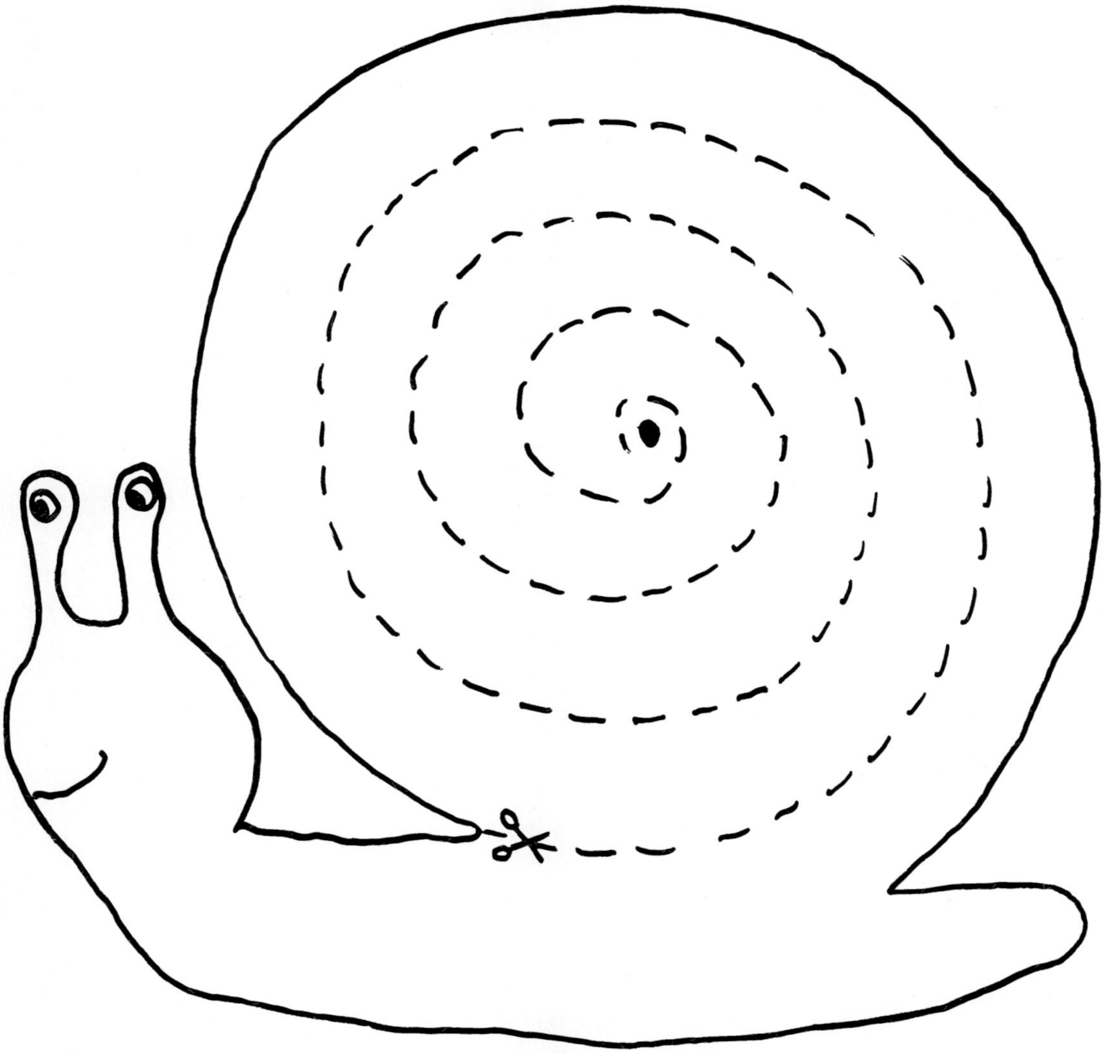

Literatur- und Internettipps

Informationen für den Lehrer

Arzenbacher, Dagmar;
Springer, Catherine:
Das Schneckenheft.
Verlag das netz, 2006.
ISBN 3-937785-05-1

Dance, Stanley P.:
Muscheln und Schnecken.
Dorling Kindersley, 2005.
ISBN 3-8310-0789-6

Lindner, Gert:
Muscheln und Schnecken an europäischen Urlaubsstränden.
Finden, erkennen, sammeln.
BLV Verlagsgesellschaft, 2005.
ISBN 3-405-1519-8

Lohmann, Michael:
Der BLV-Tierführer für unterwegs.
BLV Verlagsgesellschaft, 2006.
ISBN 3-8354-0054-1

Naber, Annerose; Latorre, Sabine:
Schnecke – Das kreative Sachbuch.
ALS, 2005. ISBN 3-89135-1143

Schrenk, Marcus:
Tiere im Sachunterricht.
In: Kaiser, Astrid (Hg.): Lexikon Sachunterricht. Schneider, 2000.
ISBN 3-89676-327-X

Walters, Martin; Johnson, Jinny:
Die Welt der Tiere.
Parragon, 2006. ISBN 1-4054-7007-0

Bücher für Kinder

Arthur, Alex:
Muscheln und Schnecken.
Reihe: Sehen, Staunen, Wissen.
Gerstenberg, 2005.
ISBN 3-8067-5525-6

Buholzer, Theres:
Schneckenleben.
Patmos, 2005.
ISBN 3-491-42056-3

Mehr zum Thema Natur

Cornell, Joseph:
Mit Cornell die Natur erleben.
Naturerfahrungsspiele für Kinder und Jugendliche - Der Sammelband.
Verlag an der Ruhr, 2006.
ISBN 3-8346-0076-8

Donauer, Astrid; Mörwald, Sonja:
Es summt und brummt und fliegt und krabbelt.
Eine Insekten-Werkstatt für das 1. Schuljahr.
Verlag an der Ruhr, 2002.
ISBN 3-86072-684-6

Griesche, Ch.; Rinsche, P.; Schild, St.:
Puzzlequiz: Bäume.
Verlag an der Ruhr, 2001.
ISBN 3-86072-583-1

Höhere Forstbehörde Landesbetrieb Wald-Holz NRW:
Walderlebnisspiele.
Mit Märchen und Detektivspielen den Wald entdecken.
Verlag an der Ruhr, 2006.
ISBN 3-86072-294-8

Literatur- und Internettipps

Mehr zum Thema Natur

Johnson, Paul:
Vorlagen für Lernmodelle: Tiere.
Reihe: Schneiden, Falten, Gestalten.
Verlag an der Ruhr, 2004.
ISBN 3-86072-847-4

Locker, Corinna:
Die Regenwurm-Werkstatt.
Verlag an der Ruhr, 1999.
ISBN 3-86072-435-5

Preuß, Carola; Runge, Klaus:
Waldgeräusche-Spiel.
Geräusche-CD mit 28 Bildkarten.
Verlag an der Ruhr, 1994.
ISBN 3-86072-175-5

Preuß, Carola; Runge, Klaus:
Kinder lernen Vögel kennen.
Ein Arbeitsbuch mit Steckbriefen, Zeichnungen, Bildkarten und Vogelstimmen-CD.
Verlag an der Ruhr, 2006.
ISBN 3-8346-0086-5

Unter die Lupe genommen

Dittmann, Jürgen; Köster, Heinrich:
Die Becherlupen-Kartei:

Tiere in Kompost, Boden und morschen Bäumen.
Verlag an der Ruhr, 1999.
ISBN 3-86072-414-2

Tiere in Tümpeln, Seen und Bächen.
Verlag an der Ruhr, 2000.
ISBN 3-86072-481-9

Internetadressen

- **www.fritzles.de/schneck.htm**
  (Unterwasserbilder von Schnecken)

- **www.affenterz.de/loewenzahn/thema/ausgabe26/home.asp**
  (sehr informative Seite von „Löwenzahn" zum Thema „Schnecken")

- **www.wirbellose.de/arten.html#schnecken**
  (Wirbellose-Datenbank mit Infos und Fotos zu sehr vielen Schneckenarten)

- **www.nafoku.de/schnecke/schnecke.htm**
  (tolle Nahaufnahmen zu den verschiedenen Schneckenarten)

- **www.rz.uni-frankfurt.de/~hlehnert/schnecke/allgem.htm**
  (Artenschlüssel – auch für Kinder geeignet)

- **www.weichtiere.at**
  (unter dem Link „Schnecken" gibt es Infos zu deren Körperbau und Lebensweise)

www.verlagruhr.de

Die in diesem Werk angegebenen Internetadressen haben wir geprüft (Stand September 2006). Da sich Internetadressen und deren Inhalte schnell verändern können, ist nicht auszuschließen, dass unter einer Adresse inzwischen ein ganz anderer Inhalt angeboten wird. Wir können daher für die angegebenen Internetseiten keine Verantwortung übernehmen.

Mehr unter www.verlagruhr.de ▸▸

Erste Texte mit Mini-Büchern

Gestaltungsideen für die Schuleingangsphase
5–7 J., 64 S., A4, Pb., vierfarbig
ISBN 3-8346-0005-9
Best.-Nr. 60005
18,– € (D)/18,50 € (A)/31,50 CHF

Die Kinder-Ideen-Kiste

Lesen und Schreiben – Spielerische Projekte für die Begegnung mit Schrift

4–6 J., 182 S., A4, Pb.
ISBN 3-8346-0051-2
Best.-Nr. 60051
19,50 € (D)/20,– € (A)/34,20 CHF

Wie unsere Erde entstanden ist

Eine Werkstatt
Kl. 3–6, 71 S., A4, Papph.
ISBN 3-8346-0017-2
Best.-Nr. 60017
19,50 € (D)/20,– € (A)/34,20 CHF

Erfinder und Entdecker

Eine Werkstatt
Kl. 3–4, 68 S., A4, Papph.
ISBN 3-8346-0002-4
Best.-Nr. 60002
19,50 € (D)/20,– € (A)/34,20 CHF

Von der Sprechübung zum freien Erzählen – Damit Unterricht besser wird

Kl. 1–4, 82 S., 16 x 23 cm, Pb.
ISBN 3-8346-0016-4
Best.-Nr. 60016
15,– € (D)/15,45 € (A)/26,30 CHF

Methoden-Schule

So präsentiere ich meine Arbeitsergebnisse

Kl. 3–5, 76 S., A4, Papph.
ISBN 3-8346-0013-X
Best.-Nr. 60013
19,50 € (D)/20,– € (A)/34,20 CHF

So war es bei den Römern

Eine Werkstatt
Kl. 3–4, 70 S., A4, Papph.
ISBN 3-8346-0014-8
Best.-Nr. 60014
19,50 € (D)/20,– € (A)/34,20 CHF

So war es im Mittelalter

Eine Werkstatt
Kl. 3–4, 71 S., A4, Papph.
ISBN 3-86072-843-1
Best.-Nr. 2843
19,50 € (D)/20,– € (A)/34,20 CHF

Mehr unter www.verlagruhr.de

René Magritte für Kinder

Eine Werkstatt
Kl. 3–4, 65 S., A4, Papph.
(mit vierf. Abb.)
ISBN 3-8346-0011-3
Best.-Nr. 60011
18,50 € (D)/19,– € (A)/32,40 CHF

Paul Cézanne für Kinder

Eine Werkstatt
Kl. 3–4, 66 S., A4, Papph.
(mit vierf. Abb.)
ISBN 3-8346-0009-1
Best.-Nr. 60009
18,50 € (D)/19,– € (A)/32,40 CHF

Filzen mit Grundschulkindern

Kl. 1–4, 69 S., A4, Papph. (mit vierf. Abb.)
ISBN 3-8346-0004-0
Best.-Nr. 60004
18,50 € (D)/19,– € (A)/32,40 CHF

Die Kunst-Ideen-Kiste für Kinder

Kreativ experimentieren mit neuen Techniken
5–10 J., 169 S., A4 quer, Pb.
ISBN 3-8346-0010-5
Best.-Nr. 60010
19,– € (D)/19,50 € (A)/33,30 CHF

Informationen und Beispielseiten
unter www.verlagruhr.de
Verlag an der Ruhr • Postfach 10 22 51
45422 Mülheim an der Ruhr

Bitte richten Sie Ihre Bestellung an:
Verlag an der Ruhr • Tel.: 0208 – 49 50 40
Fax: 0208 – 495 0 495 • bestellung@verlagruhr.de